나와의 대화

당신이 가장 행복한 길

일러두기

▌각 본문은 인터뷰한 전체 내용 중 일부만을 발췌한 내용이다.
▌인터뷰이의 직함은 인터뷰 당시 현직으로 넣었다.
▌현재 고인이 되신 분도 인터뷰 당시를 기준으로「故」를 따로 표기하지 않았다.
▌수록된 글의 인터뷰들은 도서출판 지누의 전·현직 기자 및 작가가 진행했다.
▌책 발간 이전, 인터뷰이들에게 연락을 취했지만 작고했거나 현재 활동을 안 하거나 연락처가 바뀌어 연락을 취하지 못한 경우도 있음을 밝힌다.

프롤로그

나와의 대화 - 당신이 가장 행복한 길

출판사 책장 속 켜켜이 쌓인 오랜 책들을 열어봤습니다. 해묵은 종이와 빛이 바랜 메모들 사이로 20여 년 동안 자신의 이야기를 꺼내준 수많은 이들의 얼굴이, 웃음이, 고백이 가슴을 울렸습니다. 모두가 다른 얼굴, 다른 직업, 다른 가치관을 갖고 있었지만, 굴곡을 이어오며 빚어낸 삶의 철학에는 공통점이 있었습니다. 결국 우리가 가야 할 길은 사랑과 감사, 행복의 길이라는 것, 그리고 그 길을 찾기 위한 거창하고 특별한 비법은 없다는 것입니다. 삶의 의미를 찾는 열쇠는 바로 우리 자신이 갖고 있으니까요.

여러분은 행복을 찾으셨나요? 혹시 속사포처럼 쏟아지는 SNS 사진과 해시태그, 유튜브 영상 속에서 그것을 찾고 계시지는 않은가요? 간단한 명령어만 내리면 '알아서' 결과물을 만들어 주는 인공지능도 나왔으니, 앞으로는 삶의 행복을 인공지능에게 요청하는 날이 올지도 모르겠습니다.

이런 세상에서 글을 쓴다는 것은 비효율적인 노동이 돼버린 지 오래입니다. 몇 초만에 만들어지고 퍼지는 디지털 소스에 비해 책은 많이 느리니까요.

하지만 같은 말도 책에 담을 때는 거듭 고민합니다. 몇 줄 썼다가 언제든 삭제할 수 있는 블로그나, 명령어 몇 개로 다시 수정해서 쉽게 얻어지는 AI 콘텐츠와는 책임감의 무게부터 다릅니다. 한 자 한 자 글을 쓰는 동안 몇 배의 고민과 사유, 깨달음이 얻어집니다. 때로는 당신이 저자가 되어야만 하는 이유이기도 합니다.

〈나와의 대화 - 당신이 가장 행복한 길〉에는 도서출판 지누가 지난 20년간 만났던 다양한 저자와 인터뷰이들의 갈고 닦은 말들이 담겨 있습니다. 저마다 인생의 고비를 넘으며 체득한 문장들이며, 지누 역사의 장대한 기록이기도 합니다. 오래된 책장 안에 갇혀 아무도 기억하지 못한 채 사라지는 것이 안타까워, 지누가 그 기억들을 다시 꺼냅니다. 중요한 것은 이 책이 문장의 여백을 독자 여러분의 생각으로 잇는 '미완성 수필집'이라는 것입니다. 가벼운 일기가 될 수도, 깊은 성찰의 에세이가 될 수도 있습니다.

세상의 많은 목소리들은 잠시 내려두시고,
자신과의 대화를 나눠 보시기 바랍니다.

차례

프롤로그 4

하나,

절망의
 방향은
절망이
 아니었음을

엄홍길 산악인   12

오동찬 국립소록도병원 의료부장   14

류근철 카이스트 발전재단 명예이사장   16

이희아 피아니스트   18

박홍주 캘리그라피 작가   20

박성희 (주)화인코리아 코퍼레이션 대표   22

임현식 배우   24

유자효 한국시인협회 회장   27

둘,

비로소
알게 된 것

박완서 작가 30

장사익 가수 32

김동길 연세대학교 명예교수 34

윤일규 국회의원 36

연하늘 만화가 38

우관스님 40

신경민 모나리자치과 원장 42

유순신 유앤파트너즈 대표 44

박귀원 중앙대학교병원 소아외과 임상석좌교수 46

이미선 전 KBS 아나운서 48

김원모 대한충효교육원 원장 50

가송 박순희 불교 꽃꽂이 작가 52

박정수 강남세브란스병원 갑상선암센터 교수 55

권성원 일산차병원 비뇨의학과 교수 56

김봉옥 세계여자의사회 서태지역 부회장 58

김종희 한국걸스카우트연맹 총재 60

차례

오혜숙 오혜숙산부인과의원 원장 62

노병두 광동제약 OTC/DTC 전무이사 63

최영종 명원무역 대표 66

유복모 연세대학교 명예교수 68

최염순 (주)카네기연구소 대표이사 70

김철규 작가(전 김철규소아과 원장) 74

이동윤 이동윤외과의원 원장 77

이효재 한복디자이너 78

나현 가든안과의원 원장 80

이애련 화가 82

채정호 서울성모병원 정신건강의학과 교수 84

박인숙 전 국회의원(전 울산의대 학장) 86

남기세 남기세병원 원장 88

김연수 서울대학교병원 원장 90

김세철 명지의료재단 의료원장 92

정은지 플로리스트 94

정경헌 서울정내과의원 원장 96

유상우 연세YOO&KIM 정신건강의학과의원 원장 98

신종욱 중앙대학교병원 호흡기알레르기내과 교수 100

김희주 대치서울영재소아청소년과의원 원장 102

김숙희 서울중앙의료의원 부원장 104

셋,

열정이라는
　　　이름의
　　　　　간절함

조선희 사진작가 108
곽영숙 국립정신건강센터장 110
신호철 강북삼성병원 원장 111
김숙자 김숙자소아청소년병원 원장 114
정재원 정식품 명예회장 117
김화숙 김화내과의원 대표원장 118
이원로 전 인제대학교 총장 120
서강욱 사는기쁨이비인후과의원 원장 121
안정희 치프 스타일리스트 122

넷,

당신이
　가장
　　행복한
　　　길

김희갑 작곡가 126
진형혜 변호사 127
신언항 한국실명예방재단 회장 130
박정수 일산차병원 갑상선암센터장 132
민병훈 민비뇨기과의원 원장 134
정병주 압구정성모안과의원 원장 136
황승주 새오름가정의원 원장(목사) 137
심실 우크라이나 문화예술원 원장 138

에필로그 140

하나,

절망의
방향은
절망이
아니었음을

* 인터뷰이의 직함은 인터뷰 당시 현직으로 표기함

어린 시절 산에서 나무를 해다가 아궁이에 불을 때는 것이 평범한 일상이었다.

그런데 어느날, 친구네 집은 보일러로 따뜻하게 데워지고

전깃불이 환하게 들어온다는 사실을 알게 됐다.

모를 때는 괜찮았는데 알고 나니 너무 힘들었다.

'왜 나는 이런 곳에서 이렇게 힘들에 살아야 하나' 하는 생각으로

산길을 오르락 내리락했다.

그때 산을 굉장히 원망했다.

하지만 어느 순간 내가 남들보다 산을 잘 탄다는 사실을 알게 됐고

어린 시절의 고생이 오히려 내 장점이 됐음을 깨달았다.

원망의 산은 기회의 산이었고, 처음부터 그렇게 산은 내 앞에 있었다.

엄홍길 산악인 | 〈리파인〉 2009년 가을호

오늘도 무척이나 춥다.

바닷바람에 얼굴이 얼어버린 것 같다.

그러나 이 추위를 느낄 수 있다는 것에 감사함을 느낀다.

나와 함께 살고 계신 한센 어르신들은 추위를 느끼지 못해

한겨울에도 장갑을 끼지 않고 양말도 신지 않은 채 진료를 받으러 오신다.

날씨가 추우니 꼭 챙기시라고 아무리 말씀을 드려도

가을 복장으로 오시는 분도 있다.

한센병 후유증으로 말초 신경이 제대로 작동하지 않아

추위도 더위도 잘 못 느끼기 때문이다.

오동찬 국립소록도병원 의료부장 | 〈여의사회보〉 2021년 VOL.04

어릴 적 집 안 사정이 좋지 않아 먹는 날 보다 굶는 날이 더 많았다.

나는 그 점에 감사했다.

덕분에 굶는 환자들의 괴로움과 고통을 제대로 알았고,

그들의 고통만은 덜어주겠다는 일념으로

더더욱 공부에 매달릴 수 있었기 때문이다.

류근철 카이스트 발전재단 명예이사장 | 〈리파인〉 2009년 가을호

피아노 건반조차 누를 수 없었던 내 손가락이

숱한 연습을 통해 사람들의 박수를 받는

피아니스트의 손가락이 됐다.

아무리 부족하고 모자라도 자기 자신을

소중히 여기면 행복해 진다.

내가 스스로를 소중하게 여기면

감사할 일들도 늘어간다.

이희아 피아니스트 | 〈살아있으니까 보이는 거다〉 2013년

식도암 수술 이후 항암 치료만 11번을 하며 삶과 죽음 사이를 오갔지만,
나는 내 병을 원망하지 않는다.
병을 견디면서 모든 것에 감사하게 됐고,
병으로 기운이 빠진 덕분에 힘을 쓰지 않고 할 수 있는 일을 찾아
캘리그라피 작업에 정착했기 때문이다.

박홍주 캘리그라피 작가 | 〈닥터인〉 2016년 10월호

나를 천연화장품을 개발하는 고집쟁이로 만들어 준 것은

내 아이의 피부병이었다.

아이가 새집증후군과 피부병으로 고생했을 때

이리저리 발로 뛰며 피부병에 좋은 재료를 알아보던 시간이

오늘의 나를 만든 것이다.

내가 어려운 순간과 마주할 때마다,

그것을 극복하는 과정에 숨겨진 또다른 기회를 기대하는 이유다.

박성희 (주)화인코리아 코퍼레이션 대표 | 〈닥터인〉 2015년 12월호

정은 정이 되어 돌아온다.

정말 힘이 들 때 나를 일으켜 세우는 것은 결국 사람이다.

임현식 배우 | 〈리파인〉 2009년 여름호

아무런 변화가 없는 평범한 일상.

그것이 얼마나 고마운 것인가를 우리는

일을 당하고 나서야 뼈저리게 깨닫게 된다.

유자효 한국시인협회 회장 | 〈건강한 전립선 시원한 배뇨〉 2023년 VOL.83

둘,

비로소
알게 된 것

*인터뷰이의 직함은 인터뷰 당시 현직으로 표기함

나이 든 사람들을 보면 저 나이에 무슨 재미로 살까 했다.

청춘 무렵에는 서른 살 넘어서는 살지 말아야지 하는 생각도 했다.

그런데 막상 살아보니 그렇지가 않다.

모습이 바뀌고 나이가 든다 해도 마음만큼은 여전히 즐거울 거리를 찾아낸다.

누군가는 돈을 들여 수술을 하면서 세월을 지우지만,

사실은 세월을 지워내는 비용보다 더 많이 들어간 것이

그만큼 나이를 먹어 가는데 들어간 비용이다.

늙기 위해서는 그만큼의 세월, 함께 한 사람들과의 추억,

그리고 하루하루 옹골차게 견뎌온 날들이

켜켜이 쌓여야만 하는 것이다.

나이는 거저 먹는 것이 아니다.

나는 내 나이가 좋다.

박완서 작가 | 〈리파인〉 2008년 여름호

이름 없이 피는 들판의 꽃 한 송이도 바람에 꺾이고 비에 치이며

낮더위에 시들어 가면서도 그 자리에 그대로 살아간다.

팔자로 치면 도자기 화분에서 곱게 길러지는 화초 신세가

야생의 들판에서 자라는 꽃보다 훨씬 좋을 지도 모른다.

하지만 나에게 어떤 인생을 살겠냐고 묻는다면,

야생의 들판에 피었다 가는 꽃을 택하겠다.

어디에도 매이지 않고 자유롭게, 나고 자란 땅에서

그대로 있다 가는 것처럼 고운 꽃이 또 어디 있으랴.

장사익 가수 | 〈리파인〉 2008년 여름호

매일을 하루살이처럼 살아야 한다.

그저 하루에 최선을 다 하는 삶,

내일이 온다면 그 하루에 또 최선을 다하는 것이다.

10년 뒤, 20년 뒤의 계획은 의미가 없다.

최선을 다한 하루하루가 영원으로 이어진다.

김동길 연세대학교 명예교수 | 〈닥터인〉 2016년 12월호

내일은 상상 속에서나 존재하는 것,

인생은 늘 '오늘'이다.

윤일규 국회의원 | 〈서울의사〉 2018년 11월호

모든 것은 흘러간다.

견디다 보면 버텨지고,

버티다 보면 다시 좋은 날이 온다.

마치 흐르는 강물처럼.

연하늘 만화가 | 〈살아있으니까 보이는 거다〉 2013년

삶은 꿈을 꾸는 찰나다.

꿈처럼 짧지만 귀한 시간을 감정 노름으로 허비하는 것은

삶의 근본을 잊어버리는 것이다.

우관스님 | 〈리파인〉 2009년 가을호

내 힘으로 어떻게 할 수 없는,

아무리 노력하고 열심히 해봐도 진척 없는 상황이 있다.

바로 그때가 나를 돌아볼 때이다.

'지금 내 기운이 가장 밑바닥에 있구나.

그렇다면 이제 위로 올라갈 일 밖에 없다.'

사람의 기운은 성했다가 쇠하고,

쇠했다가 성하기 마련이다.

나락의 순간이라 여겨지는 지금이

다 내려놓고 머리를 비워야 하는 시간이다.

신경민 모나리자치과 원장 | 〈살아있으니까 보이는 거다〉 2013년

버리고 비우지 않고는 새 것이 들어설 수 없다.

그것은 새로운 삶으로 이어지는 통로다.

유순신 유앤파트너즈 대표 | 〈리파인〉 2007년 겨울호

의료봉사를 다녀보면, 꼭 약이 필요해서가 아니라

자신의 이야기를 하고 싶어 찾아오는 환자들이 있다.

그들을 통해 진짜 치료란,

누군가의 말을 들어주는 것임을 배웠다.

박귀원 중앙대학교병원 소아외과 임상석좌교수 | 〈여의사회보〉 2021년 VOL.03

우리는 끊임없이 판단하고 충고하고

쓸데없는 조언을 한다.

하지만 상대가 자신의 길을 잘 찾아가게끔 돕는

최고의 방법은 경청이다.

이미선 전 KBS 아나운서 | 〈서울의사〉 2018년 8월호

사람을 사귀고 인연을 맺을 때는

바라는 게 없어야 자신에게 재산이 된다.

은행의 이자는 원금이 없으면 안 나오지만,

사람에게 정성을 들이면 그 정성에 대한 이자는

인생의 노을이 다 할 때까지 나온다.

김원모 대한충효교육원 원장 | 〈닥터인〉 2015년 12월호

악연도 지나고 보면 모두 내가 살아나가게 하는 힘이자 공부다.

가송 박순희 불교 꽃꽂이 작가 | 〈마이메디〉 2021년 9월호

조건 없이 모든 것을 용서하는 것,

그것이 진정한 사랑이다.

박정수 강남세브란스병원 갑상선암센터 교수
| 〈살아있으니까 보이는 거다〉 2013년

마음의 평화는 최고의 항암제다.

권성원 일산차병원 비뇨의학과 교수 | 〈건강한 전립선 시원한 배뇨〉 2023년 VOL.83

무슨 일이든 '완벽하게 마무리해야 한다',

'일의 결과를 내가 누려야 한다'라는 생각에 짓눌리면

시작조차 할 수 없다.

그저 '나는 내 몫을 하는 거구나'라는 생각으로

소임을 다하는 것이 진정으로 대접받는 길이요,

그 자체가 굉장한 축복이다.

김봉옥 세계여자의사회 서태지역 부회장 | 〈여의사회보〉 2021년 VOL.02

실패를 두려워하기보다 진실치 못함을 두려워하라.

역경 속에 얻은 실패의 경험은 자신을 더 새로운 도전으로 이끌지만,

그 과정에서 진실함을 놓치면 아예 길을 잃을 수 있다.

김종희 한국걸스카우트연맹 총재 | 〈한국여자의사회지〉 2024년 VOL.50

어떤 어려움이 있어도 정도(正道)를 걸어야 한다.

어려움에 적당히 타협하는 것이

당장은 길이 되는 것 같아 보여도,

길게 보면 길이 아닌 경우가 더 많다.

오혜숙 오혜숙산부인과의원 원장 | 〈한국여자의사회지〉 2023년 VOL.48

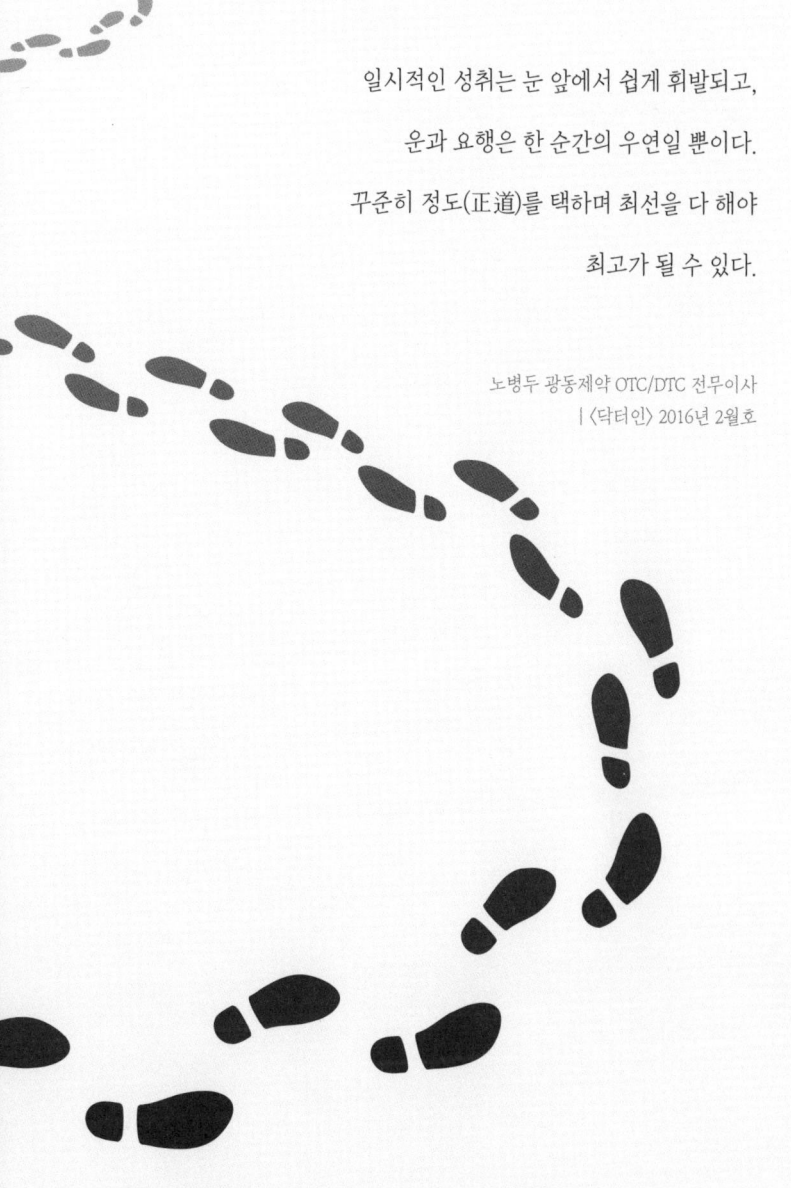

일시적인 성취는 눈 앞에서 쉽게 휘발되고,
운과 요행은 한 순간의 우연일 뿐이다.
꾸준히 정도(正道)를 택하며 최선을 다 해야
최고가 될 수 있다.

노병두 광동제약 OTC/DTC 전무이사
| 〈닥터인〉 2016년 2월호

나는 내 아이가 신발을 신기 시작하면서부터

신발을 가지런히 벗어놓아야 보기 좋고 신기도 편하며

다른 사람이 따라서 옆에다 예쁘게 벗어놓게 된다고 가르쳤다.

생활 속의 작은 질서들은 결코 작은 것이 아니라

가장 큰 것을 이루기 위한 머릿돌이다.

여러 개의 돌이 가지런히 놓여야 신발을 버리지 않고

원하는 목적지까지 기분 좋게 갈 수 있듯,

생활 속의 작은 질서들을 잘 지킴으로써

우리의 삶이 평탄해 진다.

최영종 명원무역 대표 | 〈리파인〉 2010년 봄호

지혜가 있으나 용기가 없으면 뜻이 와전되고,

용기가 있으나 지혜가 없으면 남을 위협할 수 있다.

유복모 연세대학교 명예교수 | 〈리파인〉 2009년 가을호

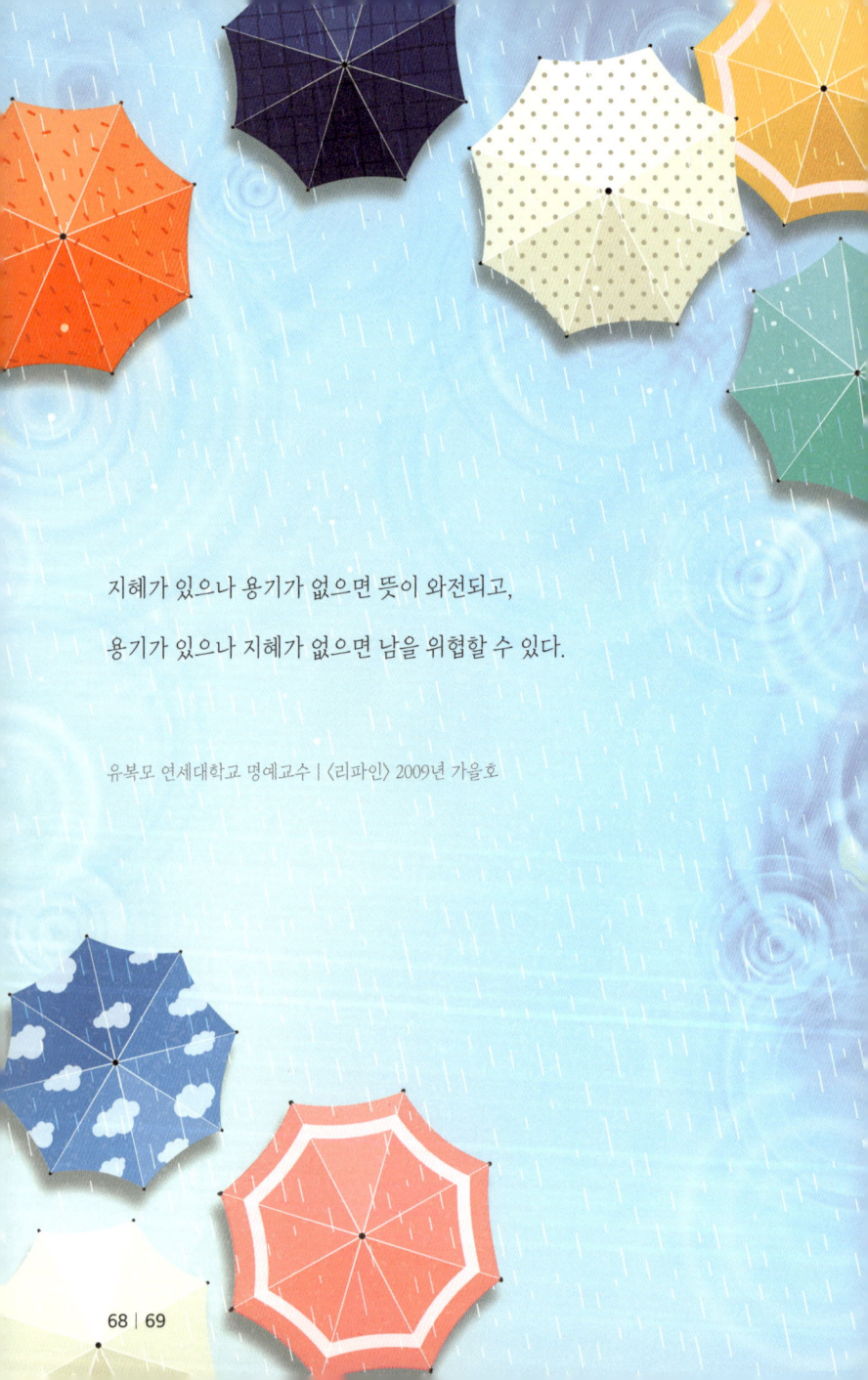

몇 년 전 캐나다 밴쿠버의 스탠리 공원을 찾았다.

산책을 하면서 곳곳에 많은 거목들이

쓰러져 있는 것이 보였다.

이유가 궁금해 안내원에게 물으니,

작년에 찾아온 작은 태풍에 거목들이

힘 없이 쓰러졌노라는 대답이 돌아왔다.

조사 결과 나무들의 뿌리가 키에 비해 매우 약했다고 한다.

밴쿠버는 1년 중 6개월 정도 비가 부슬부슬 내리고

여간해서는 기온이 영하로 내려가는 일이 없다.

대부분 기후가 좋고 물이 풍부하다 보니

나무 입장에서는 뿌리를 길게 내릴 필요가 없었던 것이다.

모름지기 나무는 가뭄이 들었을 때

생존을 위해 뿌리를 더 잘 내리는 법이다.

사람의 인생도 그와 다르지 않다.

최염순 (주)카네기연구소 대표이사 | 〈닥터인〉 2013년 11월호

삶에서 오는 모든 장애를 불평과 원망의 눈으로 보는 것과

그것을 재기와 도약의 발판으로 삼는 것에는 큰 차이가 있다.

김철규 작가(전 김철규소아과 원장) | 〈서울의사〉 2016년 11월호

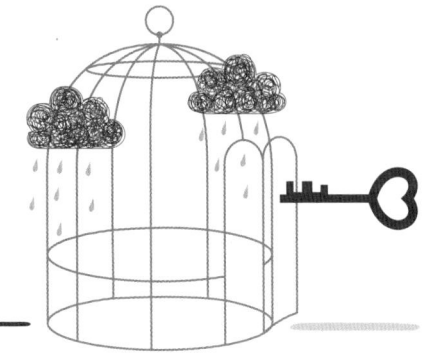

고통을 인정하면 그 고통을 이기기 위한 도전심이 생긴다.

환자도 병을 인정해야 '이겨야 한다'라는 마음이 생기고

스스로 해결책을 만들게 된다.

하지만 '나는 왜 아픈 거지?'라는 생각만 하면서

고통을 인정하지 않으면 더 힘들어질 뿐이다.

이동윤 이동윤외과의원 원장 | 〈서울의사〉 2017년 4월호

요리에도 기다림의 시간이 있듯,

삶 속에도 기다림의 시간이 있다.

이효재 한복디자이너 | 〈닥터인〉 2016년 9월호

언제나 좋기만 하거나 나쁘기만 한 인생은 없다.

그저 좋을 때는 열심히 일하고,

나쁠 때는 자신을 돌아보고 공부하면

반드시 기회는 오기 마련이다.

나현 가든안과의원 원장 | 〈닥터인〉 2015년 9월호

봄이 오기 전에는 죽은 것처럼 보이던 나무가

봄이 되면 마법처럼 감추고 있던 잎과 꽃을 피워낸다.

살아가는 모든 것은 이처럼 때가 되면

자신만의 잎과 꽃을 숨기고 있다가 드러낸다.

내가 잎과 꽃이 나무줄기 안에 들어 있는

나만의 나무를 그리는 이유다.

이애련 화가 | 〈닥터인〉 2017년 4월호

'긍정'은 슬프거나 화가 나도 무조건 좋다고 생각하는 것이 아니다.
있는 그대로 인정하고 수용하는 것이 긍정이다.

채정호 서울성모병원 정신건강의학과 교수 | 〈닥터인〉 2017년 10월호

삶의 모든 결실의 이면에는 자신의 노력 외에 플러스 알파가 있다.

그것을 '운'이라고 불러도 좋고 '타인의 도움'이라고 불러도 좋다.

분명한 것은 '나 혼자만의 힘'만으로는 무언가를 이룰 수 없다는 것이다.

박인숙 전 국회의원(전 울산의대 학장) | 〈한국여자의사회지〉 2024년 VOL.50

늘 조금 손해 본다고 생각해야

편하고 재밌게 세상을 살 수 있다.

남기세 남기세병원 원장 | 〈서울의사〉 2019년 2월호

누구나 자신이 편한 자리나 모임을 선호한다.

그러나 낯선 곳에 가서 자신을 소개하고 경험하며

그곳의 지식을 습득할 줄 알아야

틀을 깨고 사고를 확장시킬 수 있다.

김연수 서울대학교병원 원장 | 〈서울의사〉 2019년 11월호

우리는 나이가 들수록 몸이 굳지 않도록 운동을 한다.

하지만 마음이 굳어가는 것은 잘 경계하지 않는다.

계속 자기주장만 고집하고 상대를 이해하려는 유연성이 부족하며

목소리가 높아지고 다투는 것은 모두 마음이 굳어가는 증상이다.

김세철 명지의료재단 의료원장 | 〈건강한 전립선 시원한 배뇨〉 2022년 VOL.79

꽃은 시드는 것이 매력이다.

만약 꽃이 1년 내내 화사하게 피어있다면

그 꽃이 예쁘다는 것을 알지 못한다.

정은지 플로리스트 | 〈닥터인〉 2018년 6월호

우리가 죽음의 시기나 방법에 대해 선택할 수 있는 것은 없다.

하지만 거기까지 도달하는 과정은 선택할 수 있다.

정경헌 서울정내과의원 원장 | 〈서울의사〉 2016년 6월호

몸과 마음은 늘 함께다.

기분이 우울한데 몸은 펄펄 날아갈 것 같거나,

몸이 축 처져있는데 기분이 가벼운 경우는 없다.

우리가 먹는 것과 자는 것,

적절한 운동에 신경 써야 하는 이유다.

유상우 연세YOO&KIM 정신건강의학과의원 원장 | 〈서울의사〉 2017년 7월호

책에서 답을 찾아라.

뛰어난 사람들의 생각을 빨리 배울 수 있는

가장 합리적인 방법이다.

신종욱 중앙대학교병원 호흡기알레르기내과 교수 | 〈서울의사〉 2017년 1월호

남에게 잘 하는 것도 중요하지만

자기 스스로를 잘 대할 줄도 알아야 한다.

김희주 대치서울영재소아청소년과의원 원장 | 〈서울의사〉 2016년 11월호

기도하면 이루어질 수 있다.

그것이 신의 뜻이라면.

김숙희 서울중앙의료의원 부원장 | 〈서울의사〉 2020년 12월호

셋,

열정이라는
　　　　이름의
　　　간절함

*인터뷰이의 직함은 인터뷰 당시 현직으로 표기함

풋내기 시절 단 한 컷의 사진을 원하는 나의 고객들에게

최선을 다한 배수의 사진을 가져다 주곤 했다.

어떤 때는 배보다 배꼽이 더 클 때도 많았다.

그러나 나는 계속 그렇게 했다.

내가 할 수 있는 재능에 의지를 최대한 곱했다.

그 제곱의 열정이 지금의 나를 있게 한 힘임을 의심하지 않는다.

조선희 사진작가 | 〈리파인〉 2007년 겨울호

대부분의 기회는 험난하게 찾아온다.

그러나 그 기회를 피하지 않고 도전하면

반드시 성과가 되어 돌아온다.

곽영숙 국립정신건강센터장 | 〈한국여자의사회지〉 2024년 VOL.49

안 되는 이유를 찾지 말고

되는 방법을 찾아라.

신호철 강북삼성병원 원장 | 〈서울의사〉 2018년 2월호

많이 알았다면 감히 시작도 못했을 것이다.

잘 모른다는 것,

그래서 '하면 되겠지' 하는 생각으로 부딪힌 것이

내가 목표를 이룬 비결이다.

김숙자 김숙자소아청소년병원 원장 | 〈여의사회보〉 2021년 VOL.03

미래는 꿈꾸는 자의 몫이다.

'젊음'은 무엇으로도 살 수 없고 바꿀 수 없는

최고의 자산이다.

정재원 정식품 명예회장 | 〈리파인〉 2010년 가을호

바로 지금이야,

시작하자!

김화숙 김화내과의원 대표원장 | 〈여의사회보〉 2021년 VOL.03

우리는 모두 저마다의 분야에서

챔피언이 되기 위해 준비하는 과정을 살아간다.

그것이 무엇이든 목표에 도달하기 위해

인고의 노력을 다 해야 한다.

이원로 전 인제대학교 총장 | 〈닥터인〉 2015년 4월호

목표가 없을수록 더 열심히 해야 한다.

그것이 훗날 선택의 폭을 넓게 만든다.

서강욱 사는기쁨이비인후과의원 원장 | 〈서울의사〉 2018년 1월호

늙지 않는 최고의 방법은

꿈을 계속 갖는 것이다.

안정희 치프 스타일리스트 | 〈닥터인〉 2016년 6월호

넷,

당신이
가장
행복한
길

*인터뷰이의 직함은 인터뷰 당시 현직으로 표기함

나의 계획은 '계획 없이 살자'이다.

이유 없이 행복할 때가 많아

나이가 들면서 바보가 돼가는 것이 아닌가 싶지만,

생각해 보면 거창한 목표가 없다는 것이

진짜 행복의 비결인 것 같다.

김희갑 작곡가 | 〈리파인〉 2007년 겨울호

행복이란 불행과 불행 사이에서

잠깐 느끼는 순간의 감정이 아니다.

가족 모두 건강한 모습으로 잠에서 깨어나

우당탕 소리와 함께 하루를 여는 그 순간,

고단한 하루의 일과가 마무리되고

모두 별 탈 없이 집으로 돌아와

도란도란 식탁에 둘러앉아 함께 저녁을 먹는

매순간이 행복이다.

진형혜 변호사 | 〈리파인〉 2010년 봄호

과거는 중요하지 않다.

과거의 나와 현재의 나는 완전히 다른 사람이며,

미래도 마찬가지이다.

지금 이 순간 어떻게 생각하느냐에 따라

성공과 행복이 결정된다.

신언항 한국실명예방재단 회장 | 〈살아있으니까 보이는 거다〉 2013년

내가 사랑받는 대상이 되는 것보다,

누군가 사랑할 대상이 많은 것이 더 큰 행복이다.

박정수 일산차병원 갑상선암센터장 | 〈마이메디〉 2021년 9월호

행복은 절대평가하는 것이다.

자신의 행복을 남과 비교하고 상대평가하면

평생 그것을 누릴 수 없다.

민병훈 민비뇨기과의원 원장 | 〈건강한 전립선 시원한 배뇨〉 2021년 VOL.77

너무 먼 미래에 투자하느라 현재의 행복을 포기하지는 않았는지 …

지금 이 순간의 행복을 잊지 말자.

정병주 압구정성모안과의원 원장 | 〈서울의사〉 2020년 10월호

매일 감사하며 하는 일에 충실하고

사람을 사랑하고 돌보고 돕는 것,

그것이 곧 행복의 시작이다.

황승주 새오름가정의원 원장(목사) | 〈닥터인〉 2016년 12월호

당신이 가장 행복한 길로 가라.

심실 우크라이나 문화예술원 원장 | 〈닥터인〉 2016년 11월호

에필로그

참 많은 사람들을 인터뷰 했습니다. 수를 세어보지는 않았지만 수십 년 동안 일천 명은 만나지 않았나 싶습니다. 열심히 살아 온 사람들을 만나 그 사람의 희로애락과 그로 인해 달궈진 지혜를 듣는다는 것은 참으로 감사한 호사입니다.

지금도 초를 다투며 쏟아지는 정보들은 느리고 번거로운 종이책이 당해 낼 재간이 없습니다. 그럼에도 출판사를 차렸던 초창기의 마음을 잃지 않으려 노력하며 여전히 책을 만들고 있습니다. 출판계가 많이 어렵습니다. 누군가는 말합니다. 업종을 바꾸라고. 시대를 따라가라고. 그러나 저는 책은 그 시대를 그린 그림이라고 자부합니다. 그런 고집으로 인해 앞으로도 고독한 길을 걸어 갈 것임을 알고 있습니다. 각오하고 있습니다. 여러 어려움 속에서도 어떤 디지털 플랫폼도 따라올 수 없는 '책의 힘'을 잘 알기 때문입니다. 책만이 사람에게 줄 수 있는 '위안'과 '사랑'의 힘을 믿기 때문입니다.

출판사를 운영하며 보다 좋은 책을 많은 분들에게 전해야 한다는 책임감으로 늘 어깨가 무겁습니다. 그 무게를 지탱할 수 있도록 도와주신 많은 분들께 보답해야 할 때라고 생각했습니다. 좋은 취지로 만든 책인 만큼, 발행 부수의 일부는 선한 뜻이 있는 곳에 기부할 생각입니다.

이 책이 나오는 데 징검다리가 돼 준 도서출판 지누의 전·현직 기자와 직원들에게 감사를 전하며, 자신의 소중한 철학을 전해 주신 인터뷰이 분들에게도 감사의 말씀을 드립니다.

'나와의 대화 - 당신이 가장 행복한 길'은 세상에 단 한 권뿐인 당신의 책입니다. 책의 발간은 출판사의 몫이었지만 온전한 한 권의 이야기는 당신이 채워야 합니다. 독자인 당신이 이 책을 마무리하는 저자가 되길 희망합니다.

도서출판 지누 대표 박성주